L A G R A N D E I M A

LA MYTHOLOGIE

TEXTES SABINE BOCCADOR
ILLUSTRATIONS FRANCO TEMPESTA

FLEURUS

LA CRÉATION DU MONDE

Les mythes sont des récits imaginaires anciens racontant le fonctionnement du monde, les actions des dieux, les aventures d'hommes extraordinaires, etc. Ils se sont transmis de bouche à oreille et se sont enrichis au fil des siècles, avant que des auteurs ne les transposent par écrit. Ces mythes rassuraient les Grecs anciens face aux grandes questions de l'existence et constituaient les fondements de leur culture. Voici leur vision de l'origine du monde.

Au tout début

À l'origine, il y a le Chaos, une masse informe. De ce Chaos surgissent Gaia (la Terre), le Tartare (l'Enfer), Éros (le Désir), qui crée une attirance entre les êtres, Érèbe (les Ténèbres, qui recouvrent l'Enfer), et Nyx (la Nuit). Peu après, la Terre enfante toute seule Ouranos (le Ciel), les montagnes et la mer. Et comme, chez les dieux, il n'existe pas de règle les empêchant de se marier entre mère et fils ou entre frère et sœur, Gaia finit par s'unir à son fils Ouranos.

Gaia et Ouranos donnent d'abord naissance à six Titans et à six Titanides, des êtres d'une taille immense et d'une force prodigieuse (à gauche). Suivent trois Cyclopes, des créatures puissantes qui ont un œil unique au milieu du front (à droite). Naissent enfin les Hécatonchires, trois êtres munis de cent bras chacun et de cinquante têtes qui crachent du feu (en haut de la page). Mais Ouranos prend ses enfants en horreur et les envoie tous, à peine nés, dans les replis de la Terre.

La vengeance de Gaia

Très en colère contre son mari, Gaia cherche un moyen de le punir. Elle demande à ses enfants de l'aider, mais seul Cronos, le plus jeune des Titans, se montre de taille à réagir. Avec une serpe que sa mère a fabriquée, il tranche le sexe d'Ouranos et le lance aussitôt dans la mer. Des gouttes de sang projetées sur la terre naissent, entre autres, les Géants. Autour du sexe d'Ouranos s'accumule de l'écume, qui donne naissance à Aphrodite, la déesse de l'Amour.

Cronos, le nouveau roi

Cronos ne tarde pas à se montrer aussi tyrannique que son père. Il libère d'abord ses frères les Titans, avant d'enfermer dans le Tartare les Cyclopes et les Hécatonchires, dont il se méfie. Il épouse ensuite l'une de ses sœurs, la Titanide Rhéa. Ses parents lui ayant prédit qu'il serait détrôné par l'un de ses fils, il décide d'avaler dès leur naissance les enfants que Rhéa met au monde. Il engloutit ainsi ses trois filles, Hestia, Déméter et Héra, puis ses deux fils, Hadès et Poséidon.

La supercherie de Rhéa

Privée des joies de la maternité par son mari, Rhéa décide de trouver un moyen pour sauver le sixième enfant qu'elle attend. Sur le conseil de sa mère Gaia, elle se rend en Crète à la fin de sa grossesse pour mettre au monde Zeus, son dernier-né. Elle prend soin de cacher le bébé dans une grotte, puis retourne auprès de son époux en lui présentant une grosse pierre enveloppée de langes. L'appétit de Cronos est tel qu'il n'y voit que du feu et avale la pierre.

Le retour de Zeus

Zeus grandit secrètement en force et en beauté au milieu des nymphes qui s'occupent de lui. C'est la chèvre merveilleuse Amalthée qui le nourrit de son lait. À la mort de la chèvre, Zeus transforme sa peau en une cuirasse (ou bouclier) appelée égide, qu'aucune flèche ne peut transpercer. Plus tard, pour se venger de son père, Zeus fait boire à celui-ci une potion magique qui le contraint à vomir tous ses enfants que, par chance, il n'a pas encore digérés ! Zeus retrouve ainsi ses frères et sœurs, qui l'aident à devenir le roi des dieux.

LES AMOURS DE ZEUS

Après 10 ans de combat, Zeus et ses frères parviennent à vaincre les Titans, alliés de Cronos, avec l'aide des Cyclopes et des Hécatonchires. Résidant sur le mont Olympe, ils se partagent le monde. Zeus règne sur le ciel, Hadès sur le monde souterrain et Poséidon sur les eaux. Zeus, le roi des dieux, manie la foudre et porte l'égide. Il attise la jalousie féroce de son épouse Héra en la trompant avec des déesses et des mortelles.

Europe, la fille du roi de Phénicie

Apercevant la belle Europe, fille du roi de Tyr, jouant avec ses compagnes au bord de l'eau, Zeus tombe aussitôt amoureux d'elle. Pour pouvoir l'approcher sans déclencher la jalousie d'Héra, il se métamorphose en un superbe taureau, qui vient se coucher auprès de la princesse. Surprise par la douceur de l'animal, la jeune fille le caresse et monte sur son dos. Le taureau se redresse d'un bond, traverse la mer et emmène Europe jusqu'en Crète. Là, Zeus lui révèle son identité et s'unit à elle. De leur union naissent trois fils, dont Minos, le futur roi de Crète (page 16).

Alcmène, une épouse fidèle

Un jour, Zeus jette son dévolu sur la très belle et sage Alcmène, petite-fille de Persée, car il a dans l'idée d'engendrer un fils capable d'accomplir de grands exploits. Le problème, c'est que la jeune femme adore son mari, Amphitryon, et lui est fidèle. Mais Zeus a plus d'un tour dans son sac. Pour arriver à ses fins, il se glisse dans le lit d'Alcmène et s'unit à elle après avoir pris l'apparence de son mari, parti au combat. Plus tard dans la nuit, Amphitryon rentre chez lui et s'unit aussi à sa femme. 9 mois plus tard, Alcmène donne naissance à des jumeaux. L'un, Héraclès (page 12), est le fils de Zeus ; l'autre, Iphiclès, est celui d'Amphitryon.

Danaé, la princesse emprisonnée

Acrisios, roi d'Argos, enferme sa fille Danaé dans une tour de bronze pour l'empêcher de se marier et d'avoir des enfants, car l'oracle lui a prédit que son petit-fils le tuerait. Mais Zeus, tombé sous le charme de la princesse, parvient à pénétrer dans la tour en prenant la forme d'une pluie d'or. C'est ainsi qu'il s'unit à Danaé et lui donne un fils, Persée (page 10). La jeune femme cache son enfant, mais Acrisios finit par apprendre la vérité. Cherchant à se débarrasser de sa fille et de son petit-fils pour empêcher la prédiction de se réaliser, il les fait enfermer dans un coffre et jeter à la mer. Sous la protection de Zeus, la mère et l'enfant échouent sur le rivage de l'île de Sériphos, où ils sont recueillis par le généreux pêcheur Dictys.

Sémélé, mère de Dionysos

Cette fois, Zeus tombe amoureux de Sémélé, la fille du roi de Thèbes. Folle de jalousie, Héra prend les traits de la nourrice de Sémélé et conseille à la jeune fille de demander à Zeus de se présenter à elle dans toute sa splendeur pour lui prouver qu'il est vraiment le roi des dieux, comme il le lui a affirmé. Pourtant la déesse sait bien que nul humain ne peut supporter une telle vision. Sémélé insiste tant que Zeus apparaît devant elle dans son rayonnement divin, portant la foudre et les éclairs. La jeune femme est réduite en cendres. Or elle attendait un enfant. Zeus a juste le temps de lui extirper son fils et de le cacher dans sa cuisse, à l'abri d'Héra. C'est ainsi que, quelques mois plus tard, Dionysos, dieu du Vin, vient au monde en sortant de la cuisse de son père.

ATHÉNA

La talentueuse Athéna est la fille préférée de Zeus. Elle est à la fois déesse de la Guerre, de la Sagesse et des Artisans. On la représente revêtue de son armure, d'un casque, d'un bouclier et d'une lance. Elle est la patronne des villes et un temple lui est dédié dans la plupart des grandes cités grecques. La chouette, symbole de la sagesse, est son animal favori. Dans la mythologie grecque, Athéna apporte son aide à de nombreux héros, comme Persée, Héraclès ou Ulysse.

La conception d'Athéna

En première noce, Zeus épouse Métis. Mais Ouranos lui ayant prédit qu'il serait détrôné par un fils de Métis, Zeus avale sa femme toute crue lorsqu'il apprend qu'elle attend un enfant. Quelques mois plus tard, le roi des dieux se met à ressentir de violents maux de tête. Il souffre tant qu'il ordonne à Héphaïstos, le dieu du Feu, de lui fendre le crâne d'un coup de hache, une méthode qui serait fatale à n'importe quel humain, mais pas à un dieu ! Athéna surgit alors de la tête de son père, adulte, tout armée et casquée, en poussant un formidable cri de guerre.

Dispute de dieux

Lors de la fondation d'Athènes, Poséidon, dieu de la Mer, se dispute avec Athéna, car ils désirent tous les deux régner sur l'Attique, la région qui englobe la ville. Pour les départager, Cécrops, le roi d'Athènes, qui ne veut se brouiller ni avec l'un ni avec l'autre, propose à chacun d'eux de faire un don à la ville, leur disant qu'il choisira celui qui lui paraîtra le plus utile.

Arachné, la tisseuse

Très fière de ses talents de tisseuse, l'orgueilleuse Athéna ne supporte pas la rivalité. Un jour, déguisée en vieille femme, elle se rend auprès d'Arachné, une jeune fille excellant dans l'art du tissage, qui lui affirme, sans se méfier, être plus douée qu'Athéna. Blessée dans son amour-propre, la déesse lui dévoile son identité et lui propose un concours de tapisserie pour les départager. Sur la sienne, Athéna représente les dieux de l'Olympe, avec des humains ayant échoué par prétention, tandis qu'Arachné ose illustrer les infidélités de Zeus. Les deux œuvres rivalisent de beauté, mais Athéna, de colère, détruit celle d'Arachné. Comprenant son insolence, la jeune fille se pend. La déesse, prise de remords, la ramène à la vie. Mais en guise de vengeance, elle la métamorphose en une petite araignée destinée à tisser éternellement sa toile.

Athéna devient la protectrice d'Athènes

Frappant le sol avec son trident, Poséidon fait jaillir une source d'eau salée, où les Athéniens pourraient s'adonner aux jeux nautiques. Athéna, elle, tend le doigt vers la terre, où se met à pousser un olivier au tronc noueux. Cet arbre, explique-t-elle à Cécrops, donne des fruits, ne perd jamais ses feuilles et deviendra le symbole de la paix et de la fécondité. Séduit par ce présent très utile, Cécrops choisit Athéna comme protectrice de la cité, à laquelle il donne le nom de la déesse.

PROMÉTHÉE ET PANDORE

Le rusé Prométhée est un Titan. On lui attribue la création de l'homme. À partir d'une motte d'argile, il façonne des figurines, auxquelles Athéna insuffle la vie. Prométhée devient désormais le protecteur des hommes qu'il défend face à Zeus. Le roi des dieux s'irrite en effet de voir leurs talents et leurs pouvoirs s'accroître sans cesse. Lors d'une querelle, il leur demande de lui offrir la meilleure part de leur nourriture, mais Prométhée s'interpose.

La colère de Zeus

Furieux d'avoir été berné, Zeus prive les hommes du feu. Mais, une fois de plus, Prométhée le défie en allant sur l'Olympe dérober le feu, qu'il rapporte aux hommes dans une tige de fenouil (ci-dessus). La colère de Zeus est à son comble et, pour se venger, il fait enchaîner Prométhée sur le mont Caucase, puis il envoie son aigle chaque jour lui dévorer le foie. Comme Prométhée est immortel, ce supplice est destiné à durer très longtemps. Il ne sera libéré qu'après de très nombreuses années par Héraclès, le fils de Zeus.

Prométhée défie Zeus

Une rencontre entre les dieux et les hommes doit permettre de déterminer les morceaux de viande qui reviendront aux dieux. Prenant secrètement le parti des hommes, Prométhée, choisi comme arbitre, dépèce un bœuf qu'il divise en deux parts : l'une contient les entrailles et les os, qu'il cache sous de la belle graisse blanche, tandis que l'autre, faite des meilleurs morceaux, est recouverte d'une peau peu ragoûtante. Pourtant méfiant, Zeus tombe dans le piège et choisit la part recouverte de graisse. Il ne récolte que les os.

Zeus se venge des hommes

Pour se venger des hommes, complices de Prométhée, Zeus décide de créer la première femme, Pandore, dont le nom signifie « tous les dons », avec l'aide des autres dieux de l'Olympe. Façonnée par Héphaïstos (dieu du Feu), elle prend vie grâce à Athéna. Aphrodite, déesse de l'Amour, lui donne la beauté pour la faire aimer des hommes, tandis qu'Hermès, le messager des dieux, lui apprend la curiosité, le mensonge et la fourberie. Zeus lui remet une jarre en lui faisant promettre de ne jamais l'ouvrir.

Pandore et la jarre

Zeus offre Pandore au naïf Épiméthée, le frère de Prométhée, qui se laisse séduire par la belle et l'épouse. Dévorée par la curiosité, la jeune femme rompt la promesse qu'elle a faite à Zeus et ouvre la jarre. D'un coup, toutes les peines, les maladies et les malheurs que les dieux ont mis à l'intérieur se répandent sur la Terre et sur les hommes, jusque-là préservés. Paniquée, Pandore referme la jarre. Celle-ci ne contient plus, tout au fond, que l'espoir, destiné à aider les hommes à supporter leurs épreuves.

PERSÉE ET MÉDUSE

Ayant échoué sur l'île de Sériphos, Persée, fils de Zeus, et sa mère Danaé sont recueillis par le pêcheur Dictys, frère du roi Polydectès (voir aussi page 5). Le roi tombe amoureux fou de Danaé et veut l'épouser. Mais celle-ci refuse ses avances et Persée la protège. Pour éloigner ce fils gênant, Polydectès oblige ses sujets à lui offrir des chevaux, sachant que Persée n'en possède pas. Le jeune homme propose au roi de réaliser un autre de ses souhaits. Polydectès lui demande alors de rapporter la tête de la terrible Méduse.

Chez les Grées

Persée se rend donc auprès des trois Grées pour leur demander comment trouver Méduse. Ces créatures, nées vieilles, aveugles et édentées, ne possèdent qu'un seul œil et une seule dent pour elles trois qu'elles se prêtent à tour de rôle. Elles se moquent d'abord de Persée, mais le jeune homme, bien décidé à obtenir une réponse, intercepte l'œil qu'elles sont en train de se passer. Pour récupérer leur bien, les Grées expliquent à Persée comment trouver les Gorgones.

Qui est Méduse ?

Méduse est l'une des trois Gorgones qui changent en statues de pierre tous ceux qui osent les regarder en face. Elles ont un visage de femme et des serpents en guise de cheveux. Des défenses de sanglier leur sortent de la bouche. Contrairement à Méduse, ses deux sœurs sont immortelles. Persée sait tout cela, mais il n'a pas le choix. Il reçoit l'aide d'Athéna, fille de Zeus elle aussi. Elle lui offre un bouclier pour lui permettre d'approcher Méduse sans danger et lui dit d'aller d'abord trouver les sœurs des Gorgones, les Grées, qui sont également leurs gardiennes.

Chez les nymphes

Persée doit d'abord rencontrer les nymphes, qui lui procureront des armes pour combattre Méduse. Arrivé chez elles, le jeune homme se voit remettre trois précieux objets : un casque qui rend invisible, une paire de sandales ailées et une besace servant à accueillir la tête de Méduse. En quittant les nymphes, il rencontre Hermès, son frère divin, qui lui offre une épée d'acier.

Chez les Gorgones

Rendu invisible par son casque, Persée pénètre chez les Gorgones endormies. S'approchant discrètement de Méduse, il utilise son bouclier comme miroir pour éviter d'avoir à la regarder en face. D'un coup d'épée, il la décapite puis cache sa tête dans sa besace avant de prendre la fuite grâce à ses sandales ailées. De la blessure de Méduse surgit Pégase, le cheval ailé, fils de Poséidon.

Le retour de Persée

De retour à Sériphos, Persée retrouve sa mère, qui a résisté avec peine aux avances de Polydectès. Ce dernier l'accueille avec le plus parfait mépris. Sans se décontenancer, Persée sort la tête de Méduse de sa besace et la lui présente. Polydectès est aussitôt changé en statue de pierre !

La prédiction se réalise

Persée est maintenant désireux de connaître son grand-père Acrisios, le roi qui l'a jeté à la mer avec sa mère parce qu'on lui avait prédit que son petit-fils le tuerait (voir page 5). Mais, de peur, celui-ci prend la fuite. Sans le savoir, les deux hommes se retrouvent, plus tard, à des jeux publics. Or, en lançant le disque lors d'une épreuve, Persée tue accidentellement Acrisios, donnant raison à l'oracle.

LES 12 TRAVAUX D'HÉRACLÈS

Fils d'Alcmène et de Zeus (page 5), Héraclès (Hercule pour les Romains) fait preuve très tôt d'une force inouïe. Alors que la jalouse Héra envoie deux serpents dans son berceau pour le tuer, Héraclès s'empare des reptiles et les étouffe, tandis que son frère Iphiclès hurle de peur à ses côtés. Amphitryon, le mari d'Alcmène, comprend alors que le petit Héraclès est le fils de Zeus mais décide de l'élever comme le sien. Cet enfant fougueux et à la force surhumaine deviendra l'un des plus grands héros grecs.

I. Le lion de Némée

Eurysthée demande d'abord à Héraclès de lui rapporter la peau d'un lion invulnérable qui terrorise la population de Némée. Arrivé sur place, Héraclès débusque la bête et lui décoche des flèches qui ne font que rebondir sur sa peau. Armé de sa massue, le héros frappe alors le lion puis l'étouffe à mains nues et lui brise la nuque. Grâce aux griffes de l'animal, il découpe la peau du lion et la rapporte à Eurysthée.

Un coup de folie

Héraclès grandit et se fait remarquer pour ses premiers exploits. Il épouse Mégara, la fille du roi de Thèbes, dont il a trois fils. Mais Héra, toujours aussi jalouse, frappe Héraclès d'un accès de folie furieuse, le poussant à assassiner ses enfants et son épouse.

Horrifié par son geste, il consulte l'oracle de Delphes pour savoir comment expier son crime. L'oracle lui demande de se mettre pendant 12 ans au service d'Eurysthée, roi de Tirynthe, et d'effectuer les 12 travaux qu'il lui imposera.

II. L'hydre de Lerne

Eurysthée envoie ensuite le héros tuer l'hydre, qui vit dans les marais de Lerne. C'est un dangereux serpent à corps de chien et à multiples têtes, dont le souffle empoisonné tue tous ceux qui l'approchent. Héraclès entreprend de trancher les têtes de l'animal, mais elles repoussent aussitôt ! Il demande alors à son neveu Iolaos de brûler chaque cou dès qu'une tête tombe, pour l'empêcher de repousser. Il réussit enfin, non sans mal, à trancher la dernière tête, immortelle, et l'enterre. Puis il ouvre le corps de l'hydre pour en recueillir le venin, avec lequel il empoisonne ses flèches.

III. La biche de Cérynie

Eurysthée demande à Héraclès de capturer une biche extraordinaire faisant partie de l'attelage d'Artémis, déesse de la Nature et de la Chasse, et dotée de cornes d'or ainsi que de sabots d'airain. Comme l'animal farouche ne doit pas être blessé, le héros profite de son sommeil pour le prendre au piège dans un filet, évitant ainsi de lui faire du mal. Alors qu'il s'en retourne à Tirynthe, Héraclès croise Artémis et Apollon, le dieu des Arts et de la Musique, qui lui reprochent d'avoir capturé la biche. Il leur fait alors la promesse de la relâcher après l'avoir rapportée à Eurysthée.

IV. Le sanglier d'Érymanthe

En guise de quatrième travail, Héraclès doit ramener vivant un énorme sanglier qui ravage la région d'Érymanthe. Après plusieurs jours de traque, il repère l'animal dans sa tanière et réussit à l'en faire sortir en poussant des cris puissants. Puis il s'arrange pour que le sanglier tombe dans un trou profond rempli de neige. Il charge ensuite la bête épuisée sur son dos et la ramène au roi de Tirynthe.

V. Les écuries d'Augias

Eurysthée met ensuite Héraclès au défi de nettoyer en une seule journée les écuries d'Augias, fils d'Hélios, le dieu du Soleil, qui n'ont pas été lavées depuis 30 ans ! Après avoir démoli un mur des écuries, le puissant Héraclès décide de détourner le cours de deux fleuves, dont les eaux s'engouffrent dans les écuries, emportant toute la saleté. Puis il réussit l'exploit de reconstruire le mur juste avant la tombée de la nuit.

VI. Les oiseaux du lac Stymphale

Héraclès doit maintenant affronter les dangereux oiseaux des rives du Stymphale, qui utilisent leurs plumes aux pointes d'acier comme des flèches et dévastent les récoltes. Athéna, sa protectrice, demande à Héphaïstos de fabriquer une crécelle de bronze (un petit instrument de musique), qu'elle remet à Héraclès. Son bruit si effrayant fait sortir les oiseaux du bois, si bien que le héros n'a plus qu'à les tuer de ses flèches empoisonnées.

VII. Le taureau de Crète

Quand Minos devint roi de Crète, Poséidon lui offrit un magnifique taureau, que le roi refusa de lui sacrifier en retour. Le taureau finit par lui causer bien des soucis en dévastant les terres de Crète. C'est cet animal furieux, également père du Minotaure (page 16), qu'Héraclès doit ramener vivant à Eurysthée. Grâce à sa force prodigieuse, le héros parvient à l'attraper par les cornes, à le faire tomber, puis à le charger sur ses épaules pour le rapporter avec lui.

VIII. Les juments de Diomède

Le huitième travail d'Héraclès n'est pas le moindre, puisqu'il consiste à attraper les juments mangeuses d'hommes appartenant à Diomède, roi de Thrace. Après avoir brillamment réussi à s'emparer des bêtes, Héraclès est attaqué par Diomède et ses troupes. Mais le héros, qui ne manque pas de ressources, les met en déroute et capture Diomède, qu'il donne à manger aux juments. Celles-ci s'adoucissent aussitôt !

IX. La ceinture de l'Amazone

C'est pour faire un cadeau à sa fille que le roi Eurysthée exige d'Héraclès qu'il lui rapporte la ceinture d'Hippolyté, la reine des Amazones. Une mission qui semble facile au héros puisque Hippolyté accepte spontanément de la lui donner. Mais c'est sans compter la jalousie d'Héra. La déesse persuade les Amazones que le héros veut enlever leur reine. Elle provoque un soulèvement au cours duquel Héraclès est contraint de tuer Hippolyté et de lui arracher sa ceinture.

X. Les bœufs de Géryon

Souhaitant offrir en sacrifice à Héra le troupeau de bœufs de Géryon, un géant à trois têtes, Eurysthée envoie Héraclès chercher les animaux à l'autre bout du monde. Aidé par le Soleil dans son long voyage et après avoir accompli de nombreux exploits sur sa route, le héros parvient à tuer le chien à deux têtes du géant ainsi que le berger du troupeau en les assommant d'un coup de massue. Puis il décoche ses flèches sur Géryon, qui s'est lancé à sa poursuite. Il rapporte, non sans difficultés, le troupeau à Eurysthée.

XI. Les pommes d'or des Hespérides

Héraclès doit encore rapporter les pommes d'or appartenant à Héra. Elles se trouvent dans un jardin où les Hespérides et un dragon montent la garde. Sur sa route, Héraclès libère Prométhée et tue l'aigle qui lui dévore le foie (page 8). Suivant ses conseils, il persuade le Titan Atlas, père des Hespérides, de récupérer lui-même les pommes en lui proposant de soutenir la voûte du ciel à sa place. Mais après avoir cueilli les pommes, Atlas refuse de reprendre son fardeau. Le rusé Héraclès lui demande de le soulager juste quelques minutes et en profite pour prendre la fuite avec les pommes.

XII. La descente aux Enfers

En exigeant d'Héraclès qu'il descende aux Enfers pour lui ramener le gardien Cerbère, chien à trois têtes et à queue de dragon, Eurysthée espère bien se débarrasser définitivement du héros. Celui-ci finit par trouver le chemin des Enfers sous la protection d'Hermès et d'Athéna. Il rencontre Hadès, le dieu des Enfers, qui l'autorise à emmener Cerbère à condition qu'il le soumette sans se servir d'aucune arme. Un exploit que le héros réussit ! À la vue de Cerbère, Eurysthée est terrifié, mais Héraclès reconduit bien vite le monstre pour l'enchaîner de nouveau à la porte des Enfers.

THÉSÉE ET LE MINOTAURE

Minos, roi de Crète, a refusé de sacrifier un somptueux taureau à Poséidon (page 14). Le dieu de la Mer s'en prend alors à l'épouse de Minos, Pasiphaé, en lui inspirant une passion violente pour l'animal. Avec l'aide de l'architecte Dedale, Pasiphaé parvient à approcher le taureau et s'unit à ce curieux amant. 9 mois plus tard, elle donne naissance au Minotaure, une créature au corps d'homme et à la tête de taureau. Minos, furieux, demande à Dédale de bâtir un labyrinthe dans lequel il fait enfermer le monstre.

Thésée se sacrifie

À Athènes, alors que le moment est venu de payer la dette à Minos, une rumeur court selon laquelle Thésée, le fils du roi Égée, est exclu du tirage au sort qui désigne les victimes. Mais le jeune homme, qui s'est déjà distingué par de nombreux exploits, fait taire les mauvaises langues en se portant volontaire. Désemparé, Égée le laisse partir mais lui demande, s'il revient vivant de l'expédition, de hisser des voiles blanches sur son bateau. Après un long voyage en mer, les quatorze Athéniens arrivent en Crète, au palais de Minos, avec Thésée à leur tête.

Une lourde dette

Après la mort de son fils Androgée en Attique dans des circonstances obscures, Minos déclare aux Athéniens une guerre dont il sort vainqueur. Comme tribut, il leur impose de lui envoyer tous les 9 ans sept jeunes filles et sept jeunes hommes pour les donner en offrande au Minotaure.

Le fil d'Ariane

Ariane, la fille de Minos, s'éprend aussitôt du jeune homme. Pour lui sauver la vie, elle obtient de Dédale un conseil judicieux : Thésée devra fixer une pelote de fil à l'entrée du labyrinthe, puis la dérouler. Pour ressortir, il ne lui restera plus qu'à suivre le fil. Le lendemain, Thésée, qui a promis à Ariane de l'épouser, s'aventure seul à l'intérieur du labyrinthe, muni d'une pelote de fil et d'une épée. Dans un violent combat, il affronte le Minotaure, utilisant ses poings et son épée pour le mettre à mort. Et, grâce au fil d'Ariane, il ressort vivant du labyrinthe !

Thésée abandonne Ariane

Une fois que Thésée est sorti du labyrinthe, Ariane guide le héros et ses jeunes compagnons jusqu'à leur bateau, où tous embarquent avec elle. En cours de route, ils font une escale sur l'île de Naxos mais en repartent sans Ariane, car Thésée n'a en réalité aucune intention de l'épouser.

Un oubli fatal

Approchant d'Athènes et tout à la joie de son triomphe, Thésée oublie complètement de hisser les voiles blanches au lieu des voiles noires, comme son père le lui avait demandé. Persuadé que son fils est mort, Égée, qui guette l'arrivée du bateau du haut d'une falaise, se jette de désespoir dans la mer qui porte désormais son nom. Thésée devient alors roi d'Athènes.

LE DESTIN D'ŒDIPE

Un jour, Laïos et Jocaste, roi et reine de Thèbes, consultent un oracle. La prédiction tombe : le fils qu'ils auront tuera son père et épousera sa mère ! Aussi, quand Jocaste met au monde un fils, Laïos s'en empare et demande à un berger de l'abandonner sur le mont Cithéron, convaincu que l'enfant sera dévoré par les loups. Mais le berger désobéit et confie le bébé à un berger corinthien, qui s'empresse de le remettre à Polybos, roi de Corinthe. N'ayant pas d'enfant, Polybos et son épouse décident de l'adopter.

Les premiers soupçons

Œdipe grandit dans l'affection du roi et de la reine, ne doutant pas une seconde que ce soient ses vrais parents. Mais un jour, lors d'un banquet, des convives se moquent de lui et prétendent qu'il a été adopté. Désireux de connaître la vérité, le jeune homme se rend à Delphes pour consulter l'oracle. L'oracle ne répond pas à sa question mais fait une terrible prédiction : Œdipe tuera son père et épousera sa mère.

Une rencontre tragique

Pour échapper à un si funeste destin, Œdipe décide de fuir Corinthe, où vivent ceux qu'il considère comme ses parents. Sur la route qui le mène à Thèbes, il croise un équipage qui lui ordonne de lui laisser le passage. Œdipe refuse. L'équipage avance malgré tout et lui écrase le pied, tandis que le passager lui donne un coup de bâton. Fou de colère, le jeune homme tue le passager. Sans le savoir, il vient d'assassiner son vrai père, le roi Laïos.

L'arrivée à Thèbes

Arrivé à Thèbes, Œdipe trouve une population en grand désarroi : le roi Laïos vient d'être assassiné sur le chemin qui le menait à Delphes, où il voulait consulter l'oracle à propos du Sphinx. Ce monstre ailé à tête de femme et à corps de lion fait en effet régner la terreur à Thèbes en dévorant tous ceux qui ne parviennent pas à résoudre son énigme. Apprenant la mort de Laïos, le frère de Jocaste décide d'offrir le trône et la main de la reine à celui qui parviendra à débarrasser la ville du Sphinx.

L'énigme du Sphinx

Œdipe se porte volontaire et rencontre le Sphinx, qui lui pose son énigme : « Quel est l'animal qui marche à quatre pattes le matin, à deux le midi et à trois le soir ? » Œdipe répond sans l'ombre d'une hésitation : « C'est l'homme : enfant il marche à quatre pattes, adulte il avance sur ses deux jambes, et âgé il s'appuie sur une canne. » De rage, le Sphinx vaincu se jette dans le vide et Œdipe peut regagner Thèbes.

Œdipe roi

Après avoir résolu l'énigme du Sphinx, Œdipe épouse Jocaste, qui lui donne quatre enfants. Il règne sur Thèbes pendant plusieurs années, jusqu'au jour où une épidémie s'abat sur la région. Impuissant, Œdipe va consulter l'oracle. Celui-ci lui répond que le malheur cessera le jour où l'assassin de Laïos sera puni. Peu après, le berger corinthien qui l'a sauvé enfant lui révèle qu'il est le fils adoptif de Polybos. Puis Œdipe découvre que Laïos était son vrai père et réalise que c'est lui qui l'a tué.

L'accomplissement du destin

Lorsque Jocaste comprend à son tour que la prédiction s'est réalisée et qu'elle a épousé son fils, elle se pend de douleur. Ne supportant pas cette terrible vérité, Œdipe se crève les yeux et s'exile loin de Thèbes, guidé par sa fille Antigone.

LES AVENTURES D'ULYSSE

Ulysse est le fils de Laërte, roi d'Ithaque. Il épouse la fidèle et dévouée Pénélope, qui lui donne un enfant, Télémaque. Quand Laërte abdique en faveur de son fils, Ulysse devient roi d'Ithaque. Au moment où les Grecs déclarent la guerre aux Troyens, Ulysse n'a pas envie de s'engager. Malgré tout, il part pour Troie et aide les Grecs à gagner la guerre. L'Odyssée, un texte écrit par le poète Homère, relate toutes les péripéties d'Ulysse lors du très long voyage qui le ramène chez lui.

Le cheval de Troie

Après avoir assiégé Troie pendant 10 ans, les Grecs prennent le dessus grâce à une ruse géniale d'Ulysse : il fait construire un immense cheval de bois dans lequel il se cache avec de nombreux soldats, laissant ainsi croire que les Grecs ont déserté Troie. Sans se méfier, les Troyens introduisent dans leur ville le cheval, qu'ils voient comme un présent des dieux. La nuit venue, Ulysse et ses soldats sortent des flancs du cheval. Ils ouvrent les portes de la ville à l'armée grecque, qui massacre les Troyens et pille la cité. Ulysse, roi d'Ithaque, entreprend alors de rentrer chez lui…

Le Cyclope Polyphème

Après plusieurs péripéties, l'équipage d'Ulysse accoste sur une île où paissent des moutons. Avec quelques hommes, le héros pénètre dans une grotte qui semble habitée et décide d'attendre l'arrivée du propriétaire. Mais, ô stupeur, c'est un géant avec un œil unique sur le front qui surgit ! Après avoir fait rentrer ses moutons, ce Cyclope, prénommé Polyphème, prend soin de fermer l'entrée de la grotte à l'aide d'un énorme rocher. Les petits hommes qu'il aperçoit enfin le mettent en appétit. Il en dévore aussitôt deux, puis deux autres le lendemain matin, sous les yeux effarés d'Ulysse et du reste de la troupe qui ne peuvent s'échapper.

La ruse d'Ulysse

Bien décidé à sauver ses autres compagnons, Ulysse, qui a emporté du vin, en sert une énorme rasade à Polyphème, qui s'enivre et s'endort. Les prisonniers en profitent pour chauffer un pieu dans la braise et l'enfoncer dans l'œil du monstre. Polyphème hurle de douleur. Comme il doit laisser sortir ses moutons, il se redresse et pousse le rocher qui ferme la grotte en s'assurant que les hommes ne se mêlent pas à eux. Mais Ulysse a tout prévu : lui et ses compagnons se sont accrochés sous le ventre des moutons. Ils sortent ainsi de la grotte sains et saufs et rejoignent leur navire.

Un breuvage magique

Le retour d'Ulysse vers Ithaque n'est pas sans embûches. Sur l'île d'Aeaea, il envoie des hommes en éclaireurs. Au fond d'un vallon, ces derniers aperçoivent une belle demeure. Sur le pas de la porte les attend Circé la magicienne, qui leur propose aimablement de se désaltérer. Elle leur fait boire un breuvage qui leur fait tout oublier, avant de les métamorphoser en cochons ! Euryloque, qui était resté en retrait pour observer la scène, informe Ulysse. Voulant à tout prix sauver ses compagnons, le héros décide de se rendre chez la magicienne. Il croise en chemin un jeune homme, qui n'est autre que le dieu Hermès. Celui-ci lui remet une herbe destinée à le protéger des maléfices de Circé.

Une année chez Circé

Arrivé chez Circé, Ulysse boit le fameux breuvage, qui reste sans effet sur lui. Il demande alors à la magicienne de rendre leur apparence à ses hommes, ce qu'elle fait aussitôt. Séduite par la compagnie d'Ulysse, elle lui propose de séjourner chez elle. Une année s'écoule ainsi pour le héros et ses compagnons dans ce lieu idyllique avant qu'ils ne décident de reprendre la route...

Le chant des Sirènes

Ulysse doit maintenant affronter les Sirènes, des créatures mi-femmes, mi-oiseaux. Leur chant est tellement beau qu'il ensorcelle les marins et provoque leur naufrage. Avant d'atteindre la zone dangereuse, Ulysse, qui ne veut pas se priver de ces chants, a une idée. Il ordonne à ses compagnons de se boucher les oreilles avec de la cire, tandis que lui se fait solidement attacher au mât. Quand les chants voluptueux s'élèvent dans le ciel, Ulysse est à ce point envoûté qu'il veut plonger dans la mer pour rejoindre les Sirènes. Heureusement, il ne peut défaire ses liens et ses hommes, qui n'entendent rien, rament le plus fort possible jusqu'à ce que le danger soit passé.

Calypso et Nausicaa

Ayant perdu tous ses hommes dans une tempête envoyée par Zeus, Ulysse échoue sur l'île de la belle Océanide Calypso, qui rêve de faire de lui son époux (à gauche). Alors que le héros ne cesse de pleurer sa famille et sa patrie, Calypso finit par lui rendre sa liberté au bout de 7 ans. Sur un radeau, il atteint l'île des Phéaciens, où il est recueilli par la princesse Nausicaa et son père Alcinoos (à droite). Celui-ci accepte de fournir un navire et un équipage à Ulysse pour lui permettre de regagner Ithaque.

Le retour à Ithaque

Après bien des épreuves, Ulysse échoue enfin, seul, sur le rivage d'Ithaque. 20 années se sont écoulées depuis son départ de l'île. Sur le conseil d'Athéna, il se rend, déguisé en vieux mendiant, chez Eumée, son fidèle berger. Eumée lui explique la situation : depuis qu'Ulysse est parti, sa femme, Pénélope, subit la pression de nombreux prétendants qui veulent l'épouser. Mais avant de choisir un nouvel époux, elle exige de terminer de tisser le linceul destiné au père d'Ulysse. En réalité, Pénélope défait chaque nuit le travail accompli dans la journée pour retarder l'échéance.

Le plan de Pénélope

Après avoir informé son fils Télémaque de son retour, Ulysse lui demande de réunir tous les prétendants dans une salle du palais. Lui-même se glisse parmi eux, toujours vêtu de haillons. Inspirée par Athéna, Pénélope propose une épreuve aux prétendants. Celui qui parviendra à bander l'arc d'Ulysse et à lancer une flèche qui passera au travers des trous de douze haches alignées deviendra son époux. Chacun tente sa chance, mais pas un ne réussit. C'est alors que, sous les rires moqueurs des prétendants, le vieux mendiant s'empare de l'arc et tire une flèche qui traverse les douze haches (voir image ci-dessous) !

Déguisé en mendiant, Ulysse parvient à relever le défi lancé par Pénélope.

De nouveau réunis

Tous comprennent que le roi est de retour. Avec l'aide de Télémaque et d'Eumée, Ulysse massacre un à un tous les prétendants de son épouse. Mais il doit encore convaincre la méfiante Pénélope. Celle-ci lui tend un piège en disant qu'elle va faire déplacer leur lit. Or, seul Ulysse sait que c'est impossible, car il a taillé lui-même le pied du lit dans le tronc d'un arbre encore enraciné dans le sol. Quand Ulysse répond que le lit ne peut être déplacé, Pénélope se jette dans ses bras.

TABLE DES MATIÈRES

57, rue Gaston Tessier, CS 50061, 75166 Paris Cedex 19
www.fleuruseditions.com
Direction : Guillaume Arnaud
Direction éditoriale : Emmanuelle Braine Bonnaire
Conception de la collection : Émilie Beaumont et Jack Delaroche
Édition : Amandine Doubre
Conception graphique : Éric Laurin sous la direction de création de Élisabeth Hébert
Direction artistique : Bleuenn Auffret, assistée de Julien Di Giorgio
Mise en page : Graph'M
Direction de fabrication : Thierry Dubus
Fabrication : Sabine Marioni

Loi n° 49-956 du 16 juillet 1949 sur les publications destinées
à la jeunesse, modifiée par la Loi n° 2011-525 du 17 mai 2011.
Dépôt légal : mars 2020
2e édition - N° d'édition : J21108
ISBN : 978-2-2151-5919-3 • MDS : 661054N1
Achevé d'imprimer en janvier 2021 en Italie
Par LEGO S.p.A par l'intermédiaire d'Ercom

IMPRIM'VERT®

Certifié PEFC
Ce produit est issu de forêts gérées durablement et de sources contrôlées
PEFC
PEFC/18-31-280
www.pefc-france.org